SCORECARD EXPLAINED

PAR
The target score for each hole. On a Par 4, a player will try to reach the green in two strokes and make two Putts to earn a score of Par 4. Holes may be Par 3, 4, or 5.

+/-
To write in the number of strokes you hit above or below Par.

SCORE
The number of strokes you hit for the hole.

HANDICAP
Difficulty of each hole given by course. Each hole is ranked by difficulty, one being the hardest on the course, and 18 the easiest.

PUTTS
Number of Putts you scored on the hole.

FAIRWAY
Did your shot off the tees landed in the fairway? Simple yes/no answer.

HAZARD
Did you hit into any hazard(s) on the hole? Simple yes/no answer.

PENALTIES
How many penalty shots did you get on the hole?

SUMMARY
From which tees did you play from; the total number of holes where you scored a Par, a Birdie (1 below Par), an Eagle (2 below Par), a Bogey (1 above Par), and Double (2 over Par). Total number of Putts you scored, you can divide this number by the number of holes played to get your average number of putts per hole.

All rights reserved © 2018 by
Notebooks and Journals to Write In

Date		Tee Time	
Weather		Par/Slope	
Course			
Players			

FRONT 9	1	2	3	4	5	6	7	8	9	TOTAL
PAR										
+/-										
SCORE										
HANDICAP										
PUTTS										
FAIRWAY										
HAZARD										
PENALTIES										

BACK 9	10	11	12	13	14	15	16	17	18	TOTAL
PAR										
+/-										
SCORE										
HANDICAP										
PUTTS										
FAIRWAY										
HAZARD										
PENALTIES										

SUMMARY

TEES PLAYED		EAGLES		BIRDIES	
PAR		BOGEYS		DOUBLE	
PUTTS		IN		OUT		TOTAL		SCORE	

NOTES
_____
_____
_____
_____

Date		Tee Time	
Weather		Par/Slope	
Course			
Players			

FRONT 9	1	2	3	4	5	6	7	8	9	TOTAL
PAR										
+/-										
SCORE										
HANDICAP										
PUTTS										
FAIRWAY										
HAZARD										
PENALTIES										

BACK 9	10	11	12	13	14	15	16	17	18	TOTAL
PAR										
+/-										
SCORE										
HANDICAP										
PUTTS										
FAIRWAY										
HAZARD										
PENALTIES										

SUMMARY

TEES PLAYED		EAGLES		BIRDIES	
PAR		BOGEYS		DOUBLE	
PUTTS		IN		OUT		TOTAL		SCORE	

NOTES

Date		Tee Time	
Weather		Par/Slope	
Course			
Players			

FRONT 9	1	2	3	4	5	6	7	8	9	TOTAL
PAR										
+/-										
SCORE										
HANDICAP										
PUTTS										
FAIRWAY										
HAZARD										
PENALTIES										

BACK 9	10	11	12	13	14	15	16	17	18	TOTAL
PAR										
+/-										
SCORE										
HANDICAP										
PUTTS										
FAIRWAY										
HAZARD										
PENALTIES										

SUMMARY

TEES PLAYED		EAGLES		BIRDIES	
PAR		BOGEYS		DOUBLE	
PUTTS		IN		OUT		TOTAL		SCORE	

NOTES
___
___
___
___

Date		Tee Time	
Weather		Par/Slope	
Course			
Players			

FRONT 9	1	2	3	4	5	6	7	8	9	TOTAL
PAR										
+/-										
SCORE										
HANDICAP										
PUTTS										
FAIRWAY										
HAZARD										
PENALTIES										

BACK 9	10	11	12	13	14	15	16	17	18	TOTAL
PAR										
+/-										
SCORE										
HANDICAP										
PUTTS										
FAIRWAY										
HAZARD										
PENALTIES										

SUMMARY

TEES PLAYED		EAGLES		BIRDIES	
PAR		BOGEYS		DOUBLE	
PUTTS	IN	OUT	TOTAL	SCORE	

NOTES

Date		Tee Time	
Weather		Par/Slope	
Course			
Players			

FRONT 9	1	2	3	4	5	6	7	8	9	TOTAL
PAR										
+/-										
SCORE										
HANDICAP										
PUTTS										
FAIRWAY										
HAZARD										
PENALTIES										

BACK 9	10	11	12	13	14	15	16	17	18	TOTAL
PAR										
+/-										
SCORE										
HANDICAP										
PUTTS										
FAIRWAY										
HAZARD										
PENALTIES										

SUMMARY

TEES PLAYED		EAGLES		BIRDIES	
PAR		BOGEYS		DOUBLE	
PUTTS		IN		OUT		TOTAL		SCORE	

NOTES

_____
_____
_____
_____

Date		Tee Time	
Weather		Par/Slope	
Course			
Players			

FRONT 9	1	2	3	4	5	6	7	8	9	TOTAL
PAR										
+/-										
SCORE										
HANDICAP										
PUTTS										
FAIRWAY										
HAZARD										
PENALTIES										

BACK 9	10	11	12	13	14	15	16	17	18	TOTAL
PAR										
+/-										
SCORE										
HANDICAP										
PUTTS										
FAIRWAY										
HAZARD										
PENALTIES										

SUMMARY

TEES PLAYED		EAGLES		BIRDIES	
PAR		BOGEYS		DOUBLE	
PUTTS		IN		OUT		TOTAL		SCORE	

NOTES
_____
_____
_____
_____

Date		Tee Time	
Weather		Par/Slope	
Course			
Players			

FRONT 9	1	2	3	4	5	6	7	8	9	TOTAL
PAR										
+/-										
SCORE										
HANDICAP										
PUTTS										
FAIRWAY										
HAZARD										
PENALTIES										

BACK 9	10	11	12	13	14	15	16	17	18	TOTAL
PAR										
+/-										
SCORE										
HANDICAP										
PUTTS										
FAIRWAY										
HAZARD										
PENALTIES										

SUMMARY

TEES PLAYED		EAGLES		BIRDIES	
PAR		BOGEYS		DOUBLE	
PUTTS		IN		OUT		TOTAL		SCORE	

NOTES

_____

_____

_____

_____

Date				Tee Time	
Weather				Par/Slope	
Course					
Players					

FRONT 9	1	2	3	4	5	6	7	8	9	TOTAL
PAR										
+/-										
SCORE										
HANDICAP										
PUTTS										
FAIRWAY										
HAZARD										
PENALTIES										

BACK 9	10	11	12	13	14	15	16	17	18	TOTAL
PAR										
+/-										
SCORE										
HANDICAP										
PUTTS										
FAIRWAY										
HAZARD										
PENALTIES										

SUMMARY

TEES PLAYED		EAGLES		BIRDIES	
PAR		BOGEYS		DOUBLE	
PUTTS	IN	OUT	TOTAL	SCORE	

NOTES

Date		Tee Time	
Weather		Par/Slope	
Course			
Players			

FRONT 9	1	2	3	4	5	6	7	8	9	TOTAL
PAR										
+/-										
SCORE										
HANDICAP										
PUTTS										
FAIRWAY										
HAZARD										
PENALTIES										

BACK 9	10	11	12	13	14	15	16	17	18	TOTAL
PAR										
+/-										
SCORE										
HANDICAP										
PUTTS										
FAIRWAY										
HAZARD										
PENALTIES										

SUMMARY							
TEES PLAYED		EAGLES		BIRDIES			
PAR		BOGEYS		DOUBLE			
PUTTS		IN		OUT		TOTAL		SCORE	

NOTES
_____
_____
_____
_____

Date		Tee Time	
Weather		Par/Slope	
Course			
Players			

FRONT 9	1	2	3	4	5	6	7	8	9	TOTAL
PAR										
+/-										
SCORE										
HANDICAP										
PUTTS										
FAIRWAY										
HAZARD										
PENALTIES										

BACK 9	10	11	12	13	14	15	16	17	18	TOTAL
PAR										
+/-										
SCORE										
HANDICAP										
PUTTS										
FAIRWAY										
HAZARD										
PENALTIES										

SUMMARY

TEES PLAYED		EAGLES		BIRDIES	
PAR		BOGEYS		DOUBLE	
PUTTS		IN		OUT		TOTAL		SCORE	

NOTES

Date		Tee Time	
Weather		Par/Slope	
Course			
Players			

FRONT 9	1	2	3	4	5	6	7	8	9	TOTAL
PAR										
+/-										
SCORE										
HANDICAP										
PUTTS										
FAIRWAY										
HAZARD										
PENALTIES										

BACK 9	10	11	12	13	14	15	16	17	18	TOTAL
PAR										
+/-										
SCORE										
HANDICAP										
PUTTS										
FAIRWAY										
HAZARD										
PENALTIES										

SUMMARY

TEES PLAYED		EAGLES		BIRDIES	
PAR		BOGEYS		DOUBLE	
PUTTS		IN		OUT		TOTAL		SCORE	

NOTES

_____
_____
_____
_____

Date		**Tee Time**
Weather		**Par/Slope**
Course		
Players		

FRONT 9	1	2	3	4	5	6	7	8	9	TOTAL
PAR										
+/−										
SCORE										
HANDICAP										
PUTTS										
FAIRWAY										
HAZARD										
PENALTIES										

BACK 9	10	11	12	13	14	15	16	17	18	TOTAL
PAR										
+/−										
SCORE										
HANDICAP										
PUTTS										
FAIRWAY										
HAZARD										
PENALTIES										

SUMMARY

TEES PLAYED		EAGLES		BIRDIES		
PAR		BOGEYS		DOUBLE		
PUTTS		IN		OUT		TOTAL	SCORE	

NOTES

Date		Tee Time	
Weather		Par/Slope	
Course			
Players			

FRONT 9	1	2	3	4	5	6	7	8	9	TOTAL
PAR										
+/-										
SCORE										
HANDICAP										
PUTTS										
FAIRWAY										
HAZARD										
PENALTIES										

BACK 9	10	11	12	13	14	15	16	17	18	TOTAL
PAR										
+/-										
SCORE										
HANDICAP										
PUTTS										
FAIRWAY										
HAZARD										
PENALTIES										

SUMMARY

TEES PLAYED		EAGLES		BIRDIES	
PAR		BOGEYS		DOUBLE	
PUTTS		IN		OUT		TOTAL		SCORE	

NOTES

_____
_____
_____
_____

Date		Tee Time	
Weather		Par/Slope	
Course			
Players			

FRONT 9	1	2	3	4	5	6	7	8	9	TOTAL
PAR										
+/-										
SCORE										
HANDICAP										
PUTTS										
FAIRWAY										
HAZARD										
PENALTIES										

BACK 9	10	11	12	13	14	15	16	17	18	TOTAL
PAR										
+/-										
SCORE										
HANDICAP										
PUTTS										
FAIRWAY										
HAZARD										
PENALTIES										

SUMMARY

TEES PLAYED		EAGLES		BIRDIES	
PAR		BOGEYS		DOUBLE	
PUTTS		IN		OUT		TOTAL		SCORE	

NOTES

Date		Tee Time	
Weather		Par/Slope	
Course			
Players			

FRONT 9	1	2	3	4	5	6	7	8	9	TOTAL
PAR										
+/-										
SCORE										
HANDICAP										
PUTTS										
FAIRWAY										
HAZARD										
PENALTIES										

BACK 9	10	11	12	13	14	15	16	17	18	TOTAL
PAR										
+/-										
SCORE										
HANDICAP										
PUTTS										
FAIRWAY										
HAZARD										
PENALTIES										

SUMMARY

TEES PLAYED		EAGLES		BIRDIES	
PAR		BOGEYS		DOUBLE	
PUTTS		IN		OUT		TOTAL		SCORE	

NOTES

Date		Tee Time	
Weather		Par/Slope	
Course			
Players			

FRONT 9	1	2	3	4	5	6	7	8	9	TOTAL
PAR										
+/-										
SCORE										
HANDICAP										
PUTTS										
FAIRWAY										
HAZARD										
PENALTIES										

BACK 9	10	11	12	13	14	15	16	17	18	TOTAL
PAR										
+/-										
SCORE										
HANDICAP										
PUTTS										
FAIRWAY										
HAZARD										
PENALTIES										

SUMMARY

TEES PLAYED		EAGLES		BIRDIES	
PAR		BOGEYS		DOUBLE	
PUTTS		IN		OUT		TOTAL		SCORE	

NOTES
_____
_____
_____
_____

Date		Tee Time	
Weather		Par/Slope	
Course			
Players			

FRONT 9	1	2	3	4	5	6	7	8	9	TOTAL
PAR										
+/-										
SCORE										
HANDICAP										
PUTTS										
FAIRWAY										
HAZARD										
PENALTIES										

BACK 9	10	11	12	13	14	15	16	17	18	TOTAL
PAR										
+/-										
SCORE										
HANDICAP										
PUTTS										
FAIRWAY										
HAZARD										
PENALTIES										

SUMMARY						
TEES PLAYED		EAGLES		BIRDIES		
PAR		BOGEYS		DOUBLE		
PUTTS		IN	OUT	TOTAL	SCORE	

NOTES
___
___
___
___

Date		Tee Time	
Weather		Par/Slope	
Course			
Players			

FRONT 9	1	2	3	4	5	6	7	8	9	TOTAL
PAR										
+/-										
SCORE										
HANDICAP										
PUTTS										
FAIRWAY										
HAZARD										
PENALTIES										

BACK 9	10	11	12	13	14	15	16	17	18	TOTAL
PAR										
+/-										
SCORE										
HANDICAP										
PUTTS										
FAIRWAY										
HAZARD										
PENALTIES										

SUMMARY

TEES PLAYED		EAGLES		BIRDIES	
PAR		BOGEYS		DOUBLE	
PUTTS		IN		OUT		TOTAL		SCORE	

NOTES

Date		Tee Time	
Weather		Par/Slope	
Course			
Players			

FRONT 9	1	2	3	4	5	6	7	8	9	TOTAL
PAR										
+/-										
SCORE										
HANDICAP										
PUTTS										
FAIRWAY										
HAZARD										
PENALTIES										

BACK 9	10	11	12	13	14	15	16	17	18	TOTAL
PAR										
+/-										
SCORE										
HANDICAP										
PUTTS										
FAIRWAY										
HAZARD										
PENALTIES										

SUMMARY

TEES PLAYED		EAGLES		BIRDIES	
PAR		BOGEYS		DOUBLE	
PUTTS		IN		OUT		TOTAL		SCORE	

NOTES

Date		Tee Time	
Weather		Par/Slope	
Course			
Players			

FRONT 9	1	2	3	4	5	6	7	8	9	TOTAL
PAR										
+/−										
SCORE										
HANDICAP										
PUTTS										
FAIRWAY										
HAZARD										
PENALTIES										
BACK 9	10	11	12	13	14	15	16	17	18	TOTAL
PAR										
+/−										
SCORE										
HANDICAP										
PUTTS										
FAIRWAY										
HAZARD										
PENALTIES										

SUMMARY

TEES PLAYED		EAGLES		BIRDIES	
PAR		BOGEYS		DOUBLE	
PUTTS	IN	OUT	TOTAL	SCORE	

NOTES

_____

_____

_____

_____

Date		Tee Time	
Weather		Par/Slope	
Course			
Players			

FRONT 9	1	2	3	4	5	6	7	8	9	TOTAL
PAR										
+/-										
SCORE										
HANDICAP										
PUTTS										
FAIRWAY										
HAZARD										
PENALTIES										

BACK 9	10	11	12	13	14	15	16	17	18	TOTAL
PAR										
+/-										
SCORE										
HANDICAP										
PUTTS										
FAIRWAY										
HAZARD										
PENALTIES										

SUMMARY

TEES PLAYED		EAGLES		BIRDIES	
PAR		BOGEYS		DOUBLE	
PUTTS		IN		OUT		TOTAL		SCORE	

NOTES
_____
_____
_____
_____

Date		Tee Time	
Weather		Par/Slope	
Course			
Players			

FRONT 9	1	2	3	4	5	6	7	8	9	TOTAL
PAR										
+/-										
SCORE										
HANDICAP										
PUTTS										
FAIRWAY										
HAZARD										
PENALTIES										

BACK 9	10	11	12	13	14	15	16	17	18	TOTAL
PAR										
+/-										
SCORE										
HANDICAP										
PUTTS										
FAIRWAY										
HAZARD										
PENALTIES										

SUMMARY

TEES PLAYED		EAGLES		BIRDIES	
PAR		BOGEYS		DOUBLE	
PUTTS		IN		OUT		TOTAL		SCORE	

NOTES
_____
_____
_____
_____

Date		Tee Time	
Weather		Par/Slope	
Course			
Players			

FRONT 9	1	2	3	4	5	6	7	8	9	TOTAL
PAR										
+/-										
SCORE										
HANDICAP										
PUTTS										
FAIRWAY										
HAZARD										
PENALTIES										

BACK 9	10	11	12	13	14	15	16	17	18	TOTAL
PAR										
+/-										
SCORE										
HANDICAP										
PUTTS										
FAIRWAY										
HAZARD										
PENALTIES										

SUMMARY

TEES PLAYED			EAGLES		BIRDIES		
PAR			BOGEYS		DOUBLE		
PUTTS		IN	OUT	TOTAL	SCORE		

NOTES
_____
_____
_____

Date		Tee Time	
Weather		Par/Slope	
Course			
Players			

FRONT 9	1	2	3	4	5	6	7	8	9	TOTAL
PAR										
+/-										
SCORE										
HANDICAP										
PUTTS										
FAIRWAY										
HAZARD										
PENALTIES										

BACK 9	10	11	12	13	14	15	16	17	18	TOTAL
PAR										
+/-										
SCORE										
HANDICAP										
PUTTS										
FAIRWAY										
HAZARD										
PENALTIES										

SUMMARY

TEES PLAYED		EAGLES		BIRDIES	
PAR		BOGEYS		DOUBLE	
PUTTS		IN		OUT		TOTAL		SCORE	

NOTES
_____
_____
_____
_____

Date		Tee Time	
Weather		Par/Slope	
Course			
Players			

FRONT 9	1	2	3	4	5	6	7	8	9	TOTAL
PAR										
+/-										
SCORE										
HANDICAP										
PUTTS										
FAIRWAY										
HAZARD										
PENALTIES										

BACK 9	10	11	12	13	14	15	16	17	18	TOTAL
PAR										
+/-										
SCORE										
HANDICAP										
PUTTS										
FAIRWAY										
HAZARD										
PENALTIES										

SUMMARY						
TEES PLAYED		EAGLES		BIRDIES		
PAR		BOGEYS		DOUBLE		
PUTTS		IN	OUT	TOTAL	SCORE	

NOTES

_____

_____

_____

_____

Date		Tee Time	
Weather		Par/Slope	
Course			
Players			

FRONT 9	1	2	3	4	5	6	7	8	9	TOTAL
PAR										
+/-										
SCORE										
HANDICAP										
PUTTS										
FAIRWAY										
HAZARD										
PENALTIES										

BACK 9	10	11	12	13	14	15	16	17	18	TOTAL
PAR										
+/-										
SCORE										
HANDICAP										
PUTTS										
FAIRWAY										
HAZARD										
PENALTIES										

SUMMARY

TEES PLAYED		EAGLES		BIRDIES	
PAR		BOGEYS		DOUBLE	
PUTTS		IN		OUT		TOTAL		SCORE	

NOTES
_____
_____
_____
_____

Date		Tee Time	
Weather		Par/Slope	
Course			
Players			

FRONT 9	1	2	3	4	5	6	7	8	9	TOTAL
PAR										
+/−										
SCORE										
HANDICAP										
PUTTS										
FAIRWAY										
HAZARD										
PENALTIES										

BACK 9	10	11	12	13	14	15	16	17	18	TOTAL
PAR										
+/−										
SCORE										
HANDICAP										
PUTTS										
FAIRWAY										
HAZARD										
PENALTIES										

SUMMARY

TEES PLAYED		EAGLES		BIRDIES	
PAR		BOGEYS		DOUBLE	
PUTTS		IN		OUT		TOTAL		SCORE	

NOTES

_____

_____

_____

_____

Date		Tee Time	
Weather		Par/Slope	
Course			
Players			

FRONT 9	1	2	3	4	5	6	7	8	9	TOTAL
PAR										
+/-										
SCORE										
HANDICAP										
PUTTS										
FAIRWAY										
HAZARD										
PENALTIES										

BACK 9	10	11	12	13	14	15	16	17	18	TOTAL
PAR										
+/-										
SCORE										
HANDICAP										
PUTTS										
FAIRWAY										
HAZARD										
PENALTIES										

SUMMARY

TEES PLAYED		EAGLES		BIRDIES	
PAR		BOGEYS		DOUBLE	
PUTTS		IN	OUT	TOTAL	SCORE

NOTES

Date		Tee Time	
Weather		Par/Slope	
Course			
Players			

FRONT 9	1	2	3	4	5	6	7	8	9	TOTAL
PAR										
+/-										
SCORE										
HANDICAP										
PUTTS										
FAIRWAY										
HAZARD										
PENALTIES										

BACK 9	10	11	12	13	14	15	16	17	18	TOTAL
PAR										
+/-										
SCORE										
HANDICAP										
PUTTS										
FAIRWAY										
HAZARD										
PENALTIES										

SUMMARY

TEES PLAYED		EAGLES		BIRDIES	
PAR		BOGEYS		DOUBLE	
PUTTS		IN		OUT		TOTAL		SCORE	

NOTES
_____
_____
_____
_____

Date		Tee Time	
Weather		Par/Slope	
Course			
Players			

FRONT 9	1	2	3	4	5	6	7	8	9	TOTAL
PAR										
+/-										
SCORE										
HANDICAP										
PUTTS										
FAIRWAY										
HAZARD										
PENALTIES										

BACK 9	10	11	12	13	14	15	16	17	18	TOTAL
PAR										
+/-										
SCORE										
HANDICAP										
PUTTS										
FAIRWAY										
HAZARD										
PENALTIES										

SUMMARY

TEES PLAYED		EAGLES		BIRDIES	
PAR		BOGEYS		DOUBLE	
PUTTS		IN		OUT		TOTAL		SCORE	

NOTES
___
___
___
___

Date		Tee Time	
Weather		Par/Slope	
Course			
Players			

FRONT 9	1	2	3	4	5	6	7	8	9	TOTAL
PAR										
+/-										
SCORE										
HANDICAP										
PUTTS										
FAIRWAY										
HAZARD										
PENALTIES										

BACK 9	10	11	12	13	14	15	16	17	18	TOTAL
PAR										
+/-										
SCORE										
HANDICAP										
PUTTS										
FAIRWAY										
HAZARD										
PENALTIES										

SUMMARY						
TEES PLAYED		EAGLES		BIRDIES		
PAR		BOGEYS		DOUBLE		
PUTTS		IN		OUT		TOTAL		SCORE	

NOTES
___
___
___
___

Date		Tee Time	
Weather		Par/Slope	
Course			
Players			

FRONT 9	1	2	3	4	5	6	7	8	9	TOTAL
PAR										
+/-										
SCORE										
HANDICAP										
PUTTS										
FAIRWAY										
HAZARD										
PENALTIES										

BACK 9	10	11	12	13	14	15	16	17	18	TOTAL
PAR										
+/-										
SCORE										
HANDICAP										
PUTTS										
FAIRWAY										
HAZARD										
PENALTIES										

SUMMARY

TEES PLAYED		EAGLES		BIRDIES	
PAR		BOGEYS		DOUBLE	
PUTTS		IN		OUT		TOTAL		SCORE	

NOTES
___
___
___
___

Date					**Tee Time**			
Weather					**Par/Slope**			
Course								
Players								

FRONT 9	1	2	3	4	5	6	7	8	9	TOTAL
PAR										
+/-										
SCORE										
HANDICAP										
PUTTS										
FAIRWAY										
HAZARD										
PENALTIES										

BACK 9	10	11	12	13	14	15	16	17	18	TOTAL
PAR										
+/-										
SCORE										
HANDICAP										
PUTTS										
FAIRWAY										
HAZARD										
PENALTIES										

SUMMARY						
TEES PLAYED		EAGLES		BIRDIES		
PAR		BOGEYS		DOUBLE		
PUTTS		IN	OUT	TOTAL	SCORE	

NOTES

_____

_____

_____

_____

Date		Tee Time	
Weather		Par/Slope	
Course			
Players			

FRONT 9	1	2	3	4	5	6	7	8	9	TOTAL
PAR										
+/-										
SCORE										
HANDICAP										
PUTTS										
FAIRWAY										
HAZARD										
PENALTIES										

BACK 9	10	11	12	13	14	15	16	17	18	TOTAL
PAR										
+/-										
SCORE										
HANDICAP										
PUTTS										
FAIRWAY										
HAZARD										
PENALTIES										

SUMMARY

TEES PLAYED		EAGLES		BIRDIES	
PAR		BOGEYS		DOUBLE	
PUTTS		IN		OUT		TOTAL		SCORE	

NOTES

_____
_____
_____
_____

Date		Tee Time	
Weather		Par/Slope	
Course			
Players			

FRONT 9	1	2	3	4	5	6	7	8	9	TOTAL
PAR										
+/-										
SCORE										
HANDICAP										
PUTTS										
FAIRWAY										
HAZARD										
PENALTIES										

BACK 9	10	11	12	13	14	15	16	17	18	TOTAL
PAR										
+/-										
SCORE										
HANDICAP										
PUTTS										
FAIRWAY										
HAZARD										
PENALTIES										

SUMMARY

TEES PLAYED		EAGLES		BIRDIES	
PAR		BOGEYS		DOUBLE	
PUTTS		IN		OUT		TOTAL		SCORE	

NOTES
_____
_____
_____
_____

Date		Tee Time	
Weather		Par/Slope	
Course			
Players			

FRONT 9	1	2	3	4	5	6	7	8	9	TOTAL
PAR										
+/-										
SCORE										
HANDICAP										
PUTTS										
FAIRWAY										
HAZARD										
PENALTIES										

BACK 9	10	11	12	13	14	15	16	17	18	TOTAL
PAR										
+/-										
SCORE										
HANDICAP										
PUTTS										
FAIRWAY										
HAZARD										
PENALTIES										

SUMMARY

TEES PLAYED		EAGLES		BIRDIES	
PAR		BOGEYS		DOUBLE	
PUTTS		IN	OUT	TOTAL	SCORE

NOTES

_____

_____

_____

_____

Date		Tee Time	
Weather		Par/Slope	
Course			
Players			

FRONT 9	1	2	3	4	5	6	7	8	9	TOTAL
PAR										
+/-										
SCORE										
HANDICAP										
PUTTS										
FAIRWAY										
HAZARD										
PENALTIES										

BACK 9	10	11	12	13	14	15	16	17	18	TOTAL
PAR										
+/-										
SCORE										
HANDICAP										
PUTTS										
FAIRWAY										
HAZARD										
PENALTIES										

SUMMARY						
TEES PLAYED		EAGLES		BIRDIES		
PAR		BOGEYS		DOUBLE		
PUTTS		IN		OUT		TOTAL		SCORE	

NOTES
_____
_____
_____

Date		Tee Time	
Weather		Par/Slope	
Course			
Players			

FRONT 9	1	2	3	4	5	6	7	8	9	TOTAL
PAR										
+/−										
SCORE										
HANDICAP										
PUTTS										
FAIRWAY										
HAZARD										
PENALTIES										

BACK 9	10	11	12	13	14	15	16	17	18	TOTAL
PAR										
+/−										
SCORE										
HANDICAP										
PUTTS										
FAIRWAY										
HAZARD										
PENALTIES										

SUMMARY

TEES PLAYED		EAGLES		BIRDIES	
PAR		BOGEYS		DOUBLE	
PUTTS		IN		OUT		TOTAL		SCORE	

NOTES

Date				Tee Time	
Weather				Par/Slope	
Course					
Players					

FRONT 9	1	2	3	4	5	6	7	8	9	TOTAL
PAR										
+/-										
SCORE										
HANDICAP										
PUTTS										
FAIRWAY										
HAZARD										
PENALTIES										

BACK 9	10	11	12	13	14	15	16	17	18	TOTAL
PAR										
+/-										
SCORE										
HANDICAP										
PUTTS										
FAIRWAY										
HAZARD										
PENALTIES										

SUMMARY

TEES PLAYED		EAGLES		BIRDIES	
PAR		BOGEYS		DOUBLE	
PUTTS		IN		OUT		TOTAL		SCORE	

NOTES

Date		Tee Time	
Weather		Par/Slope	
Course			
Players			

FRONT 9	1	2	3	4	5	6	7	8	9	TOTAL
PAR										
+/-										
SCORE										
HANDICAP										
PUTTS										
FAIRWAY										
HAZARD										
PENALTIES										

BACK 9	10	11	12	13	14	15	16	17	18	TOTAL
PAR										
+/-										
SCORE										
HANDICAP										
PUTTS										
FAIRWAY										
HAZARD										
PENALTIES										

SUMMARY

TEES PLAYED		EAGLES		BIRDIES	
PAR		BOGEYS		DOUBLE	
PUTTS		IN		OUT		TOTAL		SCORE	

NOTES

Date		Tee Time	
Weather		Par/Slope	
Course			
Players			

FRONT 9	1	2	3	4	5	6	7	8	9	TOTAL
PAR										
+/-										
SCORE										
HANDICAP										
PUTTS										
FAIRWAY										
HAZARD										
PENALTIES										

BACK 9	10	11	12	13	14	15	16	17	18	TOTAL
PAR										
+/-										
SCORE										
HANDICAP										
PUTTS										
FAIRWAY										
HAZARD										
PENALTIES										

SUMMARY

TEES PLAYED		EAGLES		BIRDIES	
PAR		BOGEYS		DOUBLE	
PUTTS		IN		OUT		TOTAL		SCORE	

NOTES
_____
_____
_____
_____

Date		Tee Time	
Weather		Par/Slope	
Course			
Players			

FRONT 9	1	2	3	4	5	6	7	8	9	TOTAL
PAR										
+/-										
SCORE										
HANDICAP										
PUTTS										
FAIRWAY										
HAZARD										
PENALTIES										

BACK 9	10	11	12	13	14	15	16	17	18	TOTAL
PAR										
+/-										
SCORE										
HANDICAP										
PUTTS										
FAIRWAY										
HAZARD										
PENALTIES										

SUMMARY

TEES PLAYED		EAGLES		BIRDIES	
PAR		BOGEYS		DOUBLE	
PUTTS		IN		OUT		TOTAL		SCORE	

NOTES
_____
_____
_____
_____

Date		Tee Time	
Weather		Par/Slope	
Course			
Players			

FRONT 9	1	2	3	4	5	6	7	8	9	TOTAL
PAR										
+/-										
SCORE										
HANDICAP										
PUTTS										
FAIRWAY										
HAZARD										
PENALTIES										

BACK 9	10	11	12	13	14	15	16	17	18	TOTAL
PAR										
+/-										
SCORE										
HANDICAP										
PUTTS										
FAIRWAY										
HAZARD										
PENALTIES										

SUMMARY

TEES PLAYED		EAGLES		BIRDIES	
PAR		BOGEYS		DOUBLE	
PUTTS		IN		OUT		TOTAL		SCORE	

NOTES
_____
_____
_____
_____

Date		Tee Time	
Weather		Par/Slope	
Course			
Players			

FRONT 9	1	2	3	4	5	6	7	8	9	TOTAL
PAR										
+/-										
SCORE										
HANDICAP										
PUTTS										
FAIRWAY										
HAZARD										
PENALTIES										

BACK 9	10	11	12	13	14	15	16	17	18	TOTAL
PAR										
+/-										
SCORE										
HANDICAP										
PUTTS										
FAIRWAY										
HAZARD										
PENALTIES										

SUMMARY

TEES PLAYED		EAGLES		BIRDIES	
PAR		BOGEYS		DOUBLE	
PUTTS		IN		OUT		TOTAL		SCORE	

NOTES

Date		Tee Time	
Weather		Par/Slope	
Course			
Players			

FRONT 9	1	2	3	4	5	6	7	8	9	TOTAL
PAR										
+/-										
SCORE										
HANDICAP										
PUTTS										
FAIRWAY										
HAZARD										
PENALTIES										

BACK 9	10	11	12	13	14	15	16	17	18	TOTAL
PAR										
+/-										
SCORE										
HANDICAP										
PUTTS										
FAIRWAY										
HAZARD										
PENALTIES										

SUMMARY

TEES PLAYED		EAGLES		BIRDIES	
PAR		BOGEYS		DOUBLE	
PUTTS		IN		OUT		TOTAL		SCORE	

NOTES
_____
_____
_____

Date		Tee Time	
Weather		Par/Slope	
Course			
Players			

FRONT 9	1	2	3	4	5	6	7	8	9	TOTAL
PAR										
+/-										
SCORE										
HANDICAP										
PUTTS										
FAIRWAY										
HAZARD										
PENALTIES										

BACK 9	10	11	12	13	14	15	16	17	18	TOTAL
PAR										
+/-										
SCORE										
HANDICAP										
PUTTS										
FAIRWAY										
HAZARD										
PENALTIES										

SUMMARY

TEES PLAYED		EAGLES		BIRDIES	
PAR		BOGEYS		DOUBLE	
PUTTS		IN		OUT		TOTAL		SCORE	

NOTES

Date		Tee Time	
Weather		Par/Slope	
Course			
Players			

FRONT 9	1	2	3	4	5	6	7	8	9	TOTAL
PAR										
+/-										
SCORE										
HANDICAP										
PUTTS										
FAIRWAY										
HAZARD										
PENALTIES										

BACK 9	10	11	12	13	14	15	16	17	18	TOTAL
PAR										
+/-										
SCORE										
HANDICAP										
PUTTS										
FAIRWAY										
HAZARD										
PENALTIES										

SUMMARY

TEES PLAYED		EAGLES		BIRDIES	
PAR		BOGEYS		DOUBLE	
PUTTS		IN		OUT		TOTAL		SCORE	

NOTES
_____
_____
_____
_____

Date				Tee Time	
Weather				Par/Slope	
Course					
Players					

FRONT 9	1	2	3	4	5	6	7	8	9	TOTAL
PAR										
+/-										
SCORE										
HANDICAP										
PUTTS										
FAIRWAY										
HAZARD										
PENALTIES										

BACK 9	10	11	12	13	14	15	16	17	18	TOTAL
PAR										
+/-										
SCORE										
HANDICAP										
PUTTS										
FAIRWAY										
HAZARD										
PENALTIES										

SUMMARY

TEES PLAYED		EAGLES		BIRDIES	
PAR		BOGEYS		DOUBLE	
PUTTS		IN		OUT		TOTAL		SCORE	

NOTES

Date		Tee Time	
Weather		Par/Slope	
Course			
Players			

FRONT 9	1	2	3	4	5	6	7	8	9	TOTAL
PAR										
+/-										
SCORE										
HANDICAP										
PUTTS										
FAIRWAY										
HAZARD										
PENALTIES										

BACK 9	10	11	12	13	14	15	16	17	18	TOTAL
PAR										
+/-										
SCORE										
HANDICAP										
PUTTS										
FAIRWAY										
HAZARD										
PENALTIES										

SUMMARY						
TEES PLAYED		EAGLES		BIRDIES		
PAR		BOGEYS		DOUBLE		
PUTTS		IN		OUT		TOTAL		SCORE	

NOTES
_____
_____
_____
_____

Date		Tee Time	
Weather		Par/Slope	
Course			
Players			

FRONT 9	1	2	3	4	5	6	7	8	9	TOTAL
PAR										
+/-										
SCORE										
HANDICAP										
PUTTS										
FAIRWAY										
HAZARD										
PENALTIES										

BACK 9	10	11	12	13	14	15	16	17	18	TOTAL
PAR										
+/-										
SCORE										
HANDICAP										
PUTTS										
FAIRWAY										
HAZARD										
PENALTIES										

SUMMARY

TEES PLAYED		EAGLES		BIRDIES	
PAR		BOGEYS		DOUBLE	
PUTTS		IN		OUT		TOTAL		SCORE	

NOTES

Date		Tee Time	
Weather		Par/Slope	
Course			
Players			

FRONT 9	1	2	3	4	5	6	7	8	9	TOTAL
PAR										
+/-										
SCORE										
HANDICAP										
PUTTS										
FAIRWAY										
HAZARD										
PENALTIES										

BACK 9	10	11	12	13	14	15	16	17	18	TOTAL
PAR										
+/-										
SCORE										
HANDICAP										
PUTTS										
FAIRWAY										
HAZARD										
PENALTIES										

SUMMARY

TEES PLAYED		EAGLES		BIRDIES	
PAR		BOGEYS		DOUBLE	
PUTTS		IN		OUT		TOTAL		SCORE	

NOTES

Date		Tee Time	
Weather		Par/Slope	
Course			
Players			

FRONT 9	1	2	3	4	5	6	7	8	9	TOTAL
PAR										
+/-										
SCORE										
HANDICAP										
PUTTS										
FAIRWAY										
HAZARD										
PENALTIES										

BACK 9	10	11	12	13	14	15	16	17	18	TOTAL
PAR										
+/-										
SCORE										
HANDICAP										
PUTTS										
FAIRWAY										
HAZARD										
PENALTIES										

SUMMARY

TEES PLAYED		EAGLES		BIRDIES	
PAR		BOGEYS		DOUBLE	
PUTTS		IN		OUT		TOTAL		SCORE	

NOTES

Date		Tee Time	
Weather		Par/Slope	
Course			
Players			

FRONT 9	1	2	3	4	5	6	7	8	9	TOTAL
PAR										
+/-										
SCORE										
HANDICAP										
PUTTS										
FAIRWAY										
HAZARD										
PENALTIES										

BACK 9	10	11	12	13	14	15	16	17	18	TOTAL
PAR										
+/-										
SCORE										
HANDICAP										
PUTTS										
FAIRWAY										
HAZARD										
PENALTIES										

SUMMARY						
TEES PLAYED		EAGLES		BIRDIES		
PAR		BOGEYS		DOUBLE		
PUTTS		IN		OUT		TOTAL		SCORE	

NOTES
_____
_____
_____
_____

Date		Tee Time	
Weather		Par/Slope	
Course			
Players			

FRONT 9	1	2	3	4	5	6	7	8	9	TOTAL
PAR										
+/-										
SCORE										
HANDICAP										
PUTTS										
FAIRWAY										
HAZARD										
PENALTIES										

BACK 9	10	11	12	13	14	15	16	17	18	TOTAL
PAR										
+/-										
SCORE										
HANDICAP										
PUTTS										
FAIRWAY										
HAZARD										
PENALTIES										

SUMMARY

TEES PLAYED		EAGLES		BIRDIES	
PAR		BOGEYS		DOUBLE	
PUTTS		IN		OUT		TOTAL		SCORE	

NOTES

Date		Tee Time	
Weather		Par/Slope	
Course			
Players			

FRONT 9	1	2	3	4	5	6	7	8	9	TOTAL
PAR										
+/−										
SCORE										
HANDICAP										
PUTTS										
FAIRWAY										
HAZARD										
PENALTIES										

BACK 9	10	11	12	13	14	15	16	17	18	TOTAL
PAR										
+/−										
SCORE										
HANDICAP										
PUTTS										
FAIRWAY										
HAZARD										
PENALTIES										

SUMMARY

TEES PLAYED		EAGLES		BIRDIES	
PAR		BOGEYS		DOUBLE	
PUTTS		IN		OUT		TOTAL		SCORE	

NOTES

Date		Tee Time	
Weather		Par/Slope	
Course			
Players			

FRONT 9	1	2	3	4	5	6	7	8	9	TOTAL
PAR										
+/-										
SCORE										
HANDICAP										
PUTTS										
FAIRWAY										
HAZARD										
PENALTIES										

BACK 9	10	11	12	13	14	15	16	17	18	TOTAL
PAR										
+/-										
SCORE										
HANDICAP										
PUTTS										
FAIRWAY										
HAZARD										
PENALTIES										

SUMMARY

TEES PLAYED		EAGLES		BIRDIES	
PAR		BOGEYS		DOUBLE	
PUTTS		IN		OUT		TOTAL		SCORE	

NOTES _____

_____

_____

_____

Date		Tee Time	
Weather		Par/Slope	
Course			
Players			

FRONT 9	1	2	3	4	5	6	7	8	9	TOTAL
PAR										
+/-										
SCORE										
HANDICAP										
PUTTS										
FAIRWAY										
HAZARD										
PENALTIES										

BACK 9	10	11	12	13	14	15	16	17	18	TOTAL
PAR										
+/-										
SCORE										
HANDICAP										
PUTTS										
FAIRWAY										
HAZARD										
PENALTIES										

SUMMARY

TEES PLAYED		EAGLES		BIRDIES	
PAR		BOGEYS		DOUBLE	
PUTTS		IN		OUT		TOTAL		SCORE	

NOTES

Date		Tee Time	
Weather		Par/Slope	
Course			
Players			

FRONT 9	1	2	3	4	5	6	7	8	9	TOTAL
PAR										
+/-										
SCORE										
HANDICAP										
PUTTS										
FAIRWAY										
HAZARD										
PENALTIES										

BACK 9	10	11	12	13	14	15	16	17	18	TOTAL
PAR										
+/-										
SCORE										
HANDICAP										
PUTTS										
FAIRWAY										
HAZARD										
PENALTIES										

SUMMARY

TEES PLAYED		EAGLES		BIRDIES	
PAR		BOGEYS		DOUBLE	
PUTTS		IN		OUT		TOTAL		SCORE	

NOTES
_____
_____
_____
_____

Date		Tee Time	
Weather		Par/Slope	
Course			
Players			

FRONT 9	1	2	3	4	5	6	7	8	9	TOTAL
PAR										
+/-										
SCORE										
HANDICAP										
PUTTS										
FAIRWAY										
HAZARD										
PENALTIES										

BACK 9	10	11	12	13	14	15	16	17	18	TOTAL
PAR										
+/-										
SCORE										
HANDICAP										
PUTTS										
FAIRWAY										
HAZARD										
PENALTIES										

SUMMARY

TEES PLAYED		EAGLES		BIRDIES	
PAR		BOGEYS		DOUBLE	
PUTTS		IN		OUT		TOTAL		SCORE	

NOTES
_____
_____
_____
_____

Date		Tee Time	
Weather		Par/Slope	
Course			
Players			

FRONT 9	1	2	3	4	5	6	7	8	9	TOTAL
PAR										
+/-										
SCORE										
HANDICAP										
PUTTS										
FAIRWAY										
HAZARD										
PENALTIES										

BACK 9	10	11	12	13	14	15	16	17	18	TOTAL
PAR										
+/-										
SCORE										
HANDICAP										
PUTTS										
FAIRWAY										
HAZARD										
PENALTIES										

SUMMARY

TEES PLAYED		EAGLES		BIRDIES	
PAR		BOGEYS		DOUBLE	
PUTTS		IN		OUT		TOTAL		SCORE	

NOTES
_____
_____
_____
_____

Date		Tee Time	
Weather		Par/Slope	
Course			
Players			

FRONT 9	1	2	3	4	5	6	7	8	9	TOTAL
PAR										
+/-										
SCORE										
HANDICAP										
PUTTS										
FAIRWAY										
HAZARD										
PENALTIES										

BACK 9	10	11	12	13	14	15	16	17	18	TOTAL
PAR										
+/-										
SCORE										
HANDICAP										
PUTTS										
FAIRWAY										
HAZARD										
PENALTIES										

SUMMARY						
TEES PLAYED		EAGLES		BIRDIES		
PAR		BOGEYS		DOUBLE		
PUTTS		IN	OUT	TOTAL	SCORE	

NOTES
_____
_____
_____
_____

Date		Tee Time	
Weather		Par/Slope	
Course			
Players			

FRONT 9	1	2	3	4	5	6	7	8	9	TOTAL
PAR										
+/-										
SCORE										
HANDICAP										
PUTTS										
FAIRWAY										
HAZARD										
PENALTIES										

BACK 9	10	11	12	13	14	15	16	17	18	TOTAL
PAR										
+/-										
SCORE										
HANDICAP										
PUTTS										
FAIRWAY										
HAZARD										
PENALTIES										

SUMMARY

TEES PLAYED		EAGLES		BIRDIES	
PAR		BOGEYS		DOUBLE	
PUTTS		IN		OUT		TOTAL		SCORE	

NOTES
___
___
___
___

Date		Tee Time	
Weather		Par/Slope	
Course			
Players			

FRONT 9	1	2	3	4	5	6	7	8	9	TOTAL
PAR										
+/−										
SCORE										
HANDICAP										
PUTTS										
FAIRWAY										
HAZARD										
PENALTIES										

BACK 9	10	11	12	13	14	15	16	17	18	TOTAL
PAR										
+/−										
SCORE										
HANDICAP										
PUTTS										
FAIRWAY										
HAZARD										
PENALTIES										

SUMMARY

TEES PLAYED		EAGLES		BIRDIES	
PAR		BOGEYS		DOUBLE	
PUTTS		IN		OUT		TOTAL		SCORE	

NOTES
_____
_____
_____
_____

Date		Tee Time	
Weather		Par/Slope	
Course			
Players			

FRONT 9	1	2	3	4	5	6	7	8	9	TOTAL
PAR										
+/-										
SCORE										
HANDICAP										
PUTTS										
FAIRWAY										
HAZARD										
PENALTIES										

BACK 9	10	11	12	13	14	15	16	17	18	TOTAL
PAR										
+/-										
SCORE										
HANDICAP										
PUTTS										
FAIRWAY										
HAZARD										
PENALTIES										

SUMMARY

TEES PLAYED		EAGLES		BIRDIES	
PAR		BOGEYS		DOUBLE	
PUTTS		IN		OUT		TOTAL		SCORE	

NOTES
___
___
___
___

Date		Tee Time	
Weather		Par/Slope	
Course			
Players			

FRONT 9	1	2	3	4	5	6	7	8	9	TOTAL
PAR										
+/-										
SCORE										
HANDICAP										
PUTTS										
FAIRWAY										
HAZARD										
PENALTIES										

BACK 9	10	11	12	13	14	15	16	17	18	TOTAL
PAR										
+/-										
SCORE										
HANDICAP										
PUTTS										
FAIRWAY										
HAZARD										
PENALTIES										

SUMMARY

TEES PLAYED		EAGLES		BIRDIES	
PAR		BOGEYS		DOUBLE	
PUTTS		IN		OUT		TOTAL		SCORE	

NOTES
___
___
___
___

Date				Tee Time	
Weather				Par/Slope	
Course					
Players					

FRONT 9	1	2	3	4	5	6	7	8	9	TOTAL
PAR										
+/-										
SCORE										
HANDICAP										
PUTTS										
FAIRWAY										
HAZARD										
PENALTIES										

BACK 9	10	11	12	13	14	15	16	17	18	TOTAL
PAR										
+/-										
SCORE										
HANDICAP										
PUTTS										
FAIRWAY										
HAZARD										
PENALTIES										

SUMMARY

TEES PLAYED		EAGLES		BIRDIES	
PAR		BOGEYS		DOUBLE	
PUTTS		IN		OUT		TOTAL		SCORE	

NOTES

Date			**Tee Time**	
Weather			**Par/Slope**	
Course				
Players				

FRONT 9	1	2	3	4	5	6	7	8	9	TOTAL
PAR										
+/-										
SCORE										
HANDICAP										
PUTTS										
FAIRWAY										
HAZARD										
PENALTIES										

BACK 9	10	11	12	13	14	15	16	17	18	TOTAL
PAR										
+/-										
SCORE										
HANDICAP										
PUTTS										
FAIRWAY										
HAZARD										
PENALTIES										

SUMMARY

TEES PLAYED		EAGLES		BIRDIES	
PAR		BOGEYS		DOUBLE	
PUTTS		IN	OUT	TOTAL	SCORE

NOTES

_____
_____
_____
_____

Date		Tee Time	
Weather		Par/Slope	
Course			
Players			

FRONT 9	1	2	3	4	5	6	7	8	9	TOTAL
PAR										
+/-										
SCORE										
HANDICAP										
PUTTS										
FAIRWAY										
HAZARD										
PENALTIES										

BACK 9	10	11	12	13	14	15	16	17	18	TOTAL
PAR										
+/-										
SCORE										
HANDICAP										
PUTTS										
FAIRWAY										
HAZARD										
PENALTIES										

SUMMARY

TEES PLAYED		EAGLES		BIRDIES	
PAR		BOGEYS		DOUBLE	
PUTTS		IN		OUT		TOTAL		SCORE	

NOTES

Date		Tee Time	
Weather		Par/Slope	
Course			
Players			

FRONT 9	1	2	3	4	5	6	7	8	9	TOTAL
PAR										
+/-										
SCORE										
HANDICAP										
PUTTS										
FAIRWAY										
HAZARD										
PENALTIES										

BACK 9	10	11	12	13	14	15	16	17	18	TOTAL
PAR										
+/-										
SCORE										
HANDICAP										
PUTTS										
FAIRWAY										
HAZARD										
PENALTIES										

SUMMARY							
TEES PLAYED		EAGLES		BIRDIES			
PAR		BOGEYS		DOUBLE			
PUTTS		IN		OUT		TOTAL		SCORE	

NOTES

Date		Tee Time	
Weather		Par/Slope	
Course			
Players			

FRONT 9	1	2	3	4	5	6	7	8	9	TOTAL
PAR										
+/-										
SCORE										
HANDICAP										
PUTTS										
FAIRWAY										
HAZARD										
PENALTIES										

BACK 9	10	11	12	13	14	15	16	17	18	TOTAL
PAR										
+/-										
SCORE										
HANDICAP										
PUTTS										
FAIRWAY										
HAZARD										
PENALTIES										

SUMMARY							
TEES PLAYED		EAGLES		BIRDIES			
PAR		BOGEYS		DOUBLE			
PUTTS		IN		OUT		TOTAL	SCORE

NOTES
_____
_____
_____
_____

Date			Tee Time	
Weather			Par/Slope	
Course				
Players				

FRONT 9	1	2	3	4	5	6	7	8	9	TOTAL
PAR										
+/-										
SCORE										
HANDICAP										
PUTTS										
FAIRWAY										
HAZARD										
PENALTIES										

BACK 9	10	11	12	13	14	15	16	17	18	TOTAL
PAR										
+/-										
SCORE										
HANDICAP										
PUTTS										
FAIRWAY										
HAZARD										
PENALTIES										

SUMMARY

TEES PLAYED		EAGLES		BIRDIES		
PAR		BOGEYS		DOUBLE		
PUTTS		IN		OUT		TOTAL		SCORE	

NOTES

Date		Tee Time	
Weather		Par/Slope	
Course			
Players			

FRONT 9	1	2	3	4	5	6	7	8	9	TOTAL
PAR										
+/-										
SCORE										
HANDICAP										
PUTTS										
FAIRWAY										
HAZARD										
PENALTIES										

BACK 9	10	11	12	13	14	15	16	17	18	TOTAL
PAR										
+/-										
SCORE										
HANDICAP										
PUTTS										
FAIRWAY										
HAZARD										
PENALTIES										

SUMMARY

TEES PLAYED			EAGLES			BIRDIES		
PAR			BOGEYS			DOUBLE		
PUTTS		IN		OUT	TOTAL		SCORE	

NOTES
_____
_____
_____
_____

Date		Tee Time	
Weather		Par/Slope	
Course			
Players			

FRONT 9	1	2	3	4	5	6	7	8	9	TOTAL
PAR										
+/-										
SCORE										
HANDICAP										
PUTTS										
FAIRWAY										
HAZARD										
PENALTIES										

BACK 9	10	11	12	13	14	15	16	17	18	TOTAL
PAR										
+/-										
SCORE										
HANDICAP										
PUTTS										
FAIRWAY										
HAZARD										
PENALTIES										

SUMMARY						
TEES PLAYED		EAGLES		BIRDIES		
PAR		BOGEYS		DOUBLE		
PUTTS		IN	OUT	TOTAL	SCORE	

NOTES
_____
_____
_____
_____

Date		Tee Time	
Weather		Par/Slope	
Course			
Players			

FRONT 9	1	2	3	4	5	6	7	8	9	TOTAL
PAR										
+/-										
SCORE										
HANDICAP										
PUTTS										
FAIRWAY										
HAZARD										
PENALTIES										

BACK 9	10	11	12	13	14	15	16	17	18	TOTAL
PAR										
+/-										
SCORE										
HANDICAP										
PUTTS										
FAIRWAY										
HAZARD										
PENALTIES										

SUMMARY

TEES PLAYED		EAGLES		BIRDIES	
PAR		BOGEYS		DOUBLE	
PUTTS		IN		OUT		TOTAL		SCORE	

NOTES

Date		Tee Time	
Weather		Par/Slope	
Course			
Players			

FRONT 9	1	2	3	4	5	6	7	8	9	TOTAL
PAR										
+/-										
SCORE										
HANDICAP										
PUTTS										
FAIRWAY										
HAZARD										
PENALTIES										

BACK 9	10	11	12	13	14	15	16	17	18	TOTAL
PAR										
+/-										
SCORE										
HANDICAP										
PUTTS										
FAIRWAY										
HAZARD										
PENALTIES										

SUMMARY

TEES PLAYED		EAGLES		BIRDIES	
PAR		BOGEYS		DOUBLE	
PUTTS		IN		OUT		TOTAL		SCORE	

NOTES

Date			Tee Time	
Weather			Par/Slope	
Course				
Players				

FRONT 9	1	2	3	4	5	6	7	8	9	TOTAL
PAR										
+/-										
SCORE										
HANDICAP										
PUTTS										
FAIRWAY										
HAZARD										
PENALTIES										

BACK 9	10	11	12	13	14	15	16	17	18	TOTAL
PAR										
+/-										
SCORE										
HANDICAP										
PUTTS										
FAIRWAY										
HAZARD										
PENALTIES										

SUMMARY

TEES PLAYED		EAGLES		BIRDIES	
PAR		BOGEYS		DOUBLE	
PUTTS		IN		OUT		TOTAL		SCORE	

NOTES

Date		Tee Time	
Weather		Par/Slope	
Course			
Players			

FRONT 9	1	2	3	4	5	6	7	8	9	TOTAL
PAR										
+/-										
SCORE										
HANDICAP										
PUTTS										
FAIRWAY										
HAZARD										
PENALTIES										

BACK 9	10	11	12	13	14	15	16	17	18	TOTAL
PAR										
+/-										
SCORE										
HANDICAP										
PUTTS										
FAIRWAY										
HAZARD										
PENALTIES										

SUMMARY

TEES PLAYED		EAGLES		BIRDIES	
PAR		BOGEYS		DOUBLE	
PUTTS		IN		OUT		TOTAL		SCORE	

NOTES

Date		Tee Time	
Weather		Par/Slope	
Course			
Players			

FRONT 9	1	2	3	4	5	6	7	8	9	TOTAL
PAR										
+/-										
SCORE										
HANDICAP										
PUTTS										
FAIRWAY										
HAZARD										
PENALTIES										

BACK 9	10	11	12	13	14	15	16	17	18	TOTAL
PAR										
+/-										
SCORE										
HANDICAP										
PUTTS										
FAIRWAY										
HAZARD										
PENALTIES										

SUMMARY

TEES PLAYED		EAGLES		BIRDIES	
PAR		BOGEYS		DOUBLE	
PUTTS		IN		OUT		TOTAL		SCORE	

NOTES

Date		Tee Time	
Weather		Par/Slope	
Course			
Players			

FRONT 9	1	2	3	4	5	6	7	8	9	TOTAL
PAR										
+/-										
SCORE										
HANDICAP										
PUTTS										
FAIRWAY										
HAZARD										
PENALTIES										

BACK 9	10	11	12	13	14	15	16	17	18	TOTAL
PAR										
+/-										
SCORE										
HANDICAP										
PUTTS										
FAIRWAY										
HAZARD										
PENALTIES										

SUMMARY

TEES PLAYED		EAGLES		BIRDIES	
PAR		BOGEYS		DOUBLE	
PUTTS		IN		OUT		TOTAL		SCORE	

NOTES
_____
_____
_____
_____

Date		Tee Time	
Weather		Par/Slope	
Course			
Players			

FRONT 9	1	2	3	4	5	6	7	8	9	TOTAL
PAR										
+/-										
SCORE										
HANDICAP										
PUTTS										
FAIRWAY										
HAZARD										
PENALTIES										

BACK 9	10	11	12	13	14	15	16	17	18	TOTAL
PAR										
+/-										
SCORE										
HANDICAP										
PUTTS										
FAIRWAY										
HAZARD										
PENALTIES										

SUMMARY							
TEES PLAYED		EAGLES		BIRDIES			
PAR		BOGEYS		DOUBLE			
PUTTS		IN		OUT		TOTAL	SCORE

NOTES
_____
_____
_____
_____

Date		Tee Time	
Weather		Par/Slope	
Course			
Players			

FRONT 9	1	2	3	4	5	6	7	8	9	TOTAL
PAR										
+/-										
SCORE										
HANDICAP										
PUTTS										
FAIRWAY										
HAZARD										
PENALTIES										

BACK 9	10	11	12	13	14	15	16	17	18	TOTAL
PAR										
+/-										
SCORE										
HANDICAP										
PUTTS										
FAIRWAY										
HAZARD										
PENALTIES										

SUMMARY

TEES PLAYED		EAGLES		BIRDIES	
PAR		BOGEYS		DOUBLE	
PUTTS		IN		OUT		TOTAL		SCORE	

NOTES
_____
_____
_____
_____

Date		Tee Time	
Weather		Par/Slope	
Course			
Players			

FRONT 9	1	2	3	4	5	6	7	8	9	TOTAL
PAR										
+/-										
SCORE										
HANDICAP										
PUTTS										
FAIRWAY										
HAZARD										
PENALTIES										

BACK 9	10	11	12	13	14	15	16	17	18	TOTAL
PAR										
+/-										
SCORE										
HANDICAP										
PUTTS										
FAIRWAY										
HAZARD										
PENALTIES										

SUMMARY							
TEES PLAYED		EAGLES		BIRDIES			
PAR		BOGEYS		DOUBLE			
PUTTS		IN		OUT		TOTAL		SCORE	

NOTES
_____
_____
_____
_____

Date		Tee Time	
Weather		Par/Slope	
Course			
Players			

FRONT 9	1	2	3	4	5	6	7	8	9	TOTAL
PAR										
+/-										
SCORE										
HANDICAP										
PUTTS										
FAIRWAY										
HAZARD										
PENALTIES										

BACK 9	10	11	12	13	14	15	16	17	18	TOTAL
PAR										
+/-										
SCORE										
HANDICAP										
PUTTS										
FAIRWAY										
HAZARD										
PENALTIES										

SUMMARY

TEES PLAYED		EAGLES			BIRDIES	
PAR		BOGEYS			DOUBLE	
PUTTS		IN		OUT		TOTAL		SCORE	

NOTES

Date				Tee Time	
Weather				Par/Slope	
Course					
Players					

FRONT 9	1	2	3	4	5	6	7	8	9	TOTAL
PAR										
+/-										
SCORE										
HANDICAP										
PUTTS										
FAIRWAY										
HAZARD										
PENALTIES										

BACK 9	10	11	12	13	14	15	16	17	18	TOTAL
PAR										
+/-										
SCORE										
HANDICAP										
PUTTS										
FAIRWAY										
HAZARD										
PENALTIES										

SUMMARY

TEES PLAYED		EAGLES		BIRDIES	
PAR		BOGEYS		DOUBLE	
PUTTS		IN		OUT		TOTAL		SCORE	

NOTES _____
_____
_____
_____

Date		Tee Time	
Weather		Par/Slope	
Course			
Players			

FRONT 9	1	2	3	4	5	6	7	8	9	TOTAL
PAR										
+/-										
SCORE										
HANDICAP										
PUTTS										
FAIRWAY										
HAZARD										
PENALTIES										

BACK 9	10	11	12	13	14	15	16	17	18	TOTAL
PAR										
+/-										
SCORE										
HANDICAP										
PUTTS										
FAIRWAY										
HAZARD										
PENALTIES										

SUMMARY

TEES PLAYED		EAGLES		BIRDIES	
PAR		BOGEYS		DOUBLE	
PUTTS		IN		OUT		TOTAL		SCORE	

NOTES

Date		Tee Time	
Weather		Par/Slope	
Course			
Players			

FRONT 9	1	2	3	4	5	6	7	8	9	TOTAL
PAR										
+/−										
SCORE										
HANDICAP										
PUTTS										
FAIRWAY										
HAZARD										
PENALTIES										

BACK 9	10	11	12	13	14	15	16	17	18	TOTAL
PAR										
+/−										
SCORE										
HANDICAP										
PUTTS										
FAIRWAY										
HAZARD										
PENALTIES										

SUMMARY

TEES PLAYED		EAGLES		BIRDIES	
PAR		BOGEYS		DOUBLE	
PUTTS		IN		OUT		TOTAL		SCORE	

NOTES
_____
_____
_____
_____

Date		Tee Time	
Weather		Par/Slope	
Course			
Players			

FRONT 9	1	2	3	4	5	6	7	8	9	TOTAL
PAR										
+/-										
SCORE										
HANDICAP										
PUTTS										
FAIRWAY										
HAZARD										
PENALTIES										

BACK 9	10	11	12	13	14	15	16	17	18	TOTAL
PAR										
+/-										
SCORE										
HANDICAP										
PUTTS										
FAIRWAY										
HAZARD										
PENALTIES										

SUMMARY						
TEES PLAYED		EAGLES		BIRDIES		
PAR		BOGEYS		DOUBLE		
PUTTS		IN		OUT		TOTAL		SCORE	

NOTES

Date				Tee Time			
Weather				Par/Slope			
Course							
Players							

FRONT 9	1	2	3	4	5	6	7	8	9	TOTAL
PAR										
+/−										
SCORE										
HANDICAP										
PUTTS										
FAIRWAY										
HAZARD										
PENALTIES										
BACK 9	10	11	12	13	14	15	16	17	18	TOTAL
PAR										
+/−										
SCORE										
HANDICAP										
PUTTS										
FAIRWAY										
HAZARD										
PENALTIES										

SUMMARY							
TEES PLAYED		EAGLES			BIRDIES		
PAR		BOGEYS			DOUBLE		
PUTTS		IN		OUT		TOTAL	SCORE

NOTES
_____
_____
_____
_____

Date		Tee Time	
Weather		Par/Slope	
Course			
Players			

FRONT 9	1	2	3	4	5	6	7	8	9	TOTAL
PAR										
+/-										
SCORE										
HANDICAP										
PUTTS										
FAIRWAY										
HAZARD										
PENALTIES										

BACK 9	10	11	12	13	14	15	16	17	18	TOTAL
PAR										
+/-										
SCORE										
HANDICAP										
PUTTS										
FAIRWAY										
HAZARD										
PENALTIES										

SUMMARY							
TEES PLAYED		EAGLES			BIRDIES		
PAR		BOGEYS			DOUBLE		
PUTTS		IN		OUT		TOTAL		SCORE	

NOTES
_____
_____
_____
_____

Date		Tee Time	
Weather		Par/Slope	
Course			
Players			

FRONT 9	1	2	3	4	5	6	7	8	9	TOTAL
PAR										
+/-										
SCORE										
HANDICAP										
PUTTS										
FAIRWAY										
HAZARD										
PENALTIES										

BACK 9	10	11	12	13	14	15	16	17	18	TOTAL
PAR										
+/-										
SCORE										
HANDICAP										
PUTTS										
FAIRWAY										
HAZARD										
PENALTIES										

SUMMARY							
TEES PLAYED		EAGLES		BIRDIES			
PAR		BOGEYS		DOUBLE			
PUTTS		IN		OUT		TOTAL		SCORE	

NOTES

_____
_____
_____
_____

Date			Tee Time	
Weather			Par/Slope	
Course				
Players				

FRONT 9	1	2	3	4	5	6	7	8	9	TOTAL
PAR										
+/-										
SCORE										
HANDICAP										
PUTTS										
FAIRWAY										
HAZARD										
PENALTIES										

BACK 9	10	11	12	13	14	15	16	17	18	TOTAL
PAR										
+/-										
SCORE										
HANDICAP										
PUTTS										
FAIRWAY										
HAZARD										
PENALTIES										

SUMMARY

TEES PLAYED		EAGLES		BIRDIES	
PAR		BOGEYS		DOUBLE	
PUTTS		IN		OUT		TOTAL		SCORE	

NOTES
___
___
___
___

Date		Tee Time	
Weather		Par/Slope	
Course			
Players			

FRONT 9	1	2	3	4	5	6	7	8	9	TOTAL
PAR										
+/-										
SCORE										
HANDICAP										
PUTTS										
FAIRWAY										
HAZARD										
PENALTIES										

BACK 9	10	11	12	13	14	15	16	17	18	TOTAL
PAR										
+/-										
SCORE										
HANDICAP										
PUTTS										
FAIRWAY										
HAZARD										
PENALTIES										

SUMMARY

TEES PLAYED		EAGLES		BIRDIES	
PAR		BOGEYS		DOUBLE	
PUTTS		IN		OUT		TOTAL		SCORE	

NOTES

Date			Tee Time	
Weather			Par/Slope	
Course				
Players				

FRONT 9	1	2	3	4	5	6	7	8	9	TOTAL
PAR										
+/-										
SCORE										
HANDICAP										
PUTTS										
FAIRWAY										
HAZARD										
PENALTIES										

BACK 9	10	11	12	13	14	15	16	17	18	TOTAL
PAR										
+/-										
SCORE										
HANDICAP										
PUTTS										
FAIRWAY										
HAZARD										
PENALTIES										

SUMMARY

TEES PLAYED		EAGLES		BIRDIES	
PAR		BOGEYS		DOUBLE	
PUTTS		IN		OUT		TOTAL		SCORE	

NOTES

Date		Tee Time	
Weather		Par/Slope	
Course			
Players			

FRONT 9	1	2	3	4	5	6	7	8	9	TOTAL
PAR										
+/-										
SCORE										
HANDICAP										
PUTTS										
FAIRWAY										
HAZARD										
PENALTIES										

BACK 9	10	11	12	13	14	15	16	17	18	TOTAL
PAR										
+/-										
SCORE										
HANDICAP										
PUTTS										
FAIRWAY										
HAZARD										
PENALTIES										

SUMMARY							
TEES PLAYED		EAGLES		BIRDIES			
PAR		BOGEYS		DOUBLE			
PUTTS		IN		OUT		TOTAL		SCORE	

NOTES
_____
_____
_____
_____

Date		Tee Time	
Weather		Par/Slope	
Course			
Players			

FRONT 9	1	2	3	4	5	6	7	8	9	TOTAL
PAR										
+/-										
SCORE										
HANDICAP										
PUTTS										
FAIRWAY										
HAZARD										
PENALTIES										

BACK 9	10	11	12	13	14	15	16	17	18	TOTAL
PAR										
+/-										
SCORE										
HANDICAP										
PUTTS										
FAIRWAY										
HAZARD										
PENALTIES										

SUMMARY

TEES PLAYED		EAGLES		BIRDIES	
PAR		BOGEYS		DOUBLE	
PUTTS		IN		OUT		TOTAL		SCORE	

NOTES

Date		Tee Time	
Weather		Par/Slope	
Course			
Players			

FRONT 9	1	2	3	4	5	6	7	8	9	TOTAL
PAR										
+/−										
SCORE										
HANDICAP										
PUTTS										
FAIRWAY										
HAZARD										
PENALTIES										

BACK 9	10	11	12	13	14	15	16	17	18	TOTAL
PAR										
+/−										
SCORE										
HANDICAP										
PUTTS										
FAIRWAY										
HAZARD										
PENALTIES										

SUMMARY							
TEES PLAYED		EAGLES		BIRDIES			
PAR		BOGEYS		DOUBLE			
PUTTS		IN		OUT		TOTAL		SCORE	

NOTES
_____
_____
_____
_____

Date			Tee Time	
Weather			Par/Slope	
Course				
Players				

FRONT 9	1	2	3	4	5	6	7	8	9	TOTAL
PAR										
+/-										
SCORE										
HANDICAP										
PUTTS										
FAIRWAY										
HAZARD										
PENALTIES										

BACK 9	10	11	12	13	14	15	16	17	18	TOTAL
PAR										
+/-										
SCORE										
HANDICAP										
PUTTS										
FAIRWAY										
HAZARD										
PENALTIES										

SUMMARY						
TEES PLAYED		EAGLES		BIRDIES		
PAR		BOGEYS		DOUBLE		
PUTTS		IN	OUT	TOTAL	SCORE	

NOTES

Date		Tee Time	
Weather		Par/Slope	
Course			
Players			

FRONT 9	1	2	3	4	5	6	7	8	9	TOTAL
PAR										
+/−										
SCORE										
HANDICAP										
PUTTS										
FAIRWAY										
HAZARD										
PENALTIES										

BACK 9	10	11	12	13	14	15	16	17	18	TOTAL
PAR										
+/−										
SCORE										
HANDICAP										
PUTTS										
FAIRWAY										
HAZARD										
PENALTIES										

SUMMARY

TEES PLAYED		EAGLES		BIRDIES	
PAR		BOGEYS		DOUBLE	
PUTTS		IN		OUT		TOTAL		SCORE	

NOTES
_____
_____
_____
_____

Date			Tee Time	
Weather			Par/Slope	
Course				
Players				

FRONT 9	1	2	3	4	5	6	7	8	9	TOTAL
PAR										
+/-										
SCORE										
HANDICAP										
PUTTS										
FAIRWAY										
HAZARD										
PENALTIES										

BACK 9	10	11	12	13	14	15	16	17	18	TOTAL
PAR										
+/-										
SCORE										
HANDICAP										
PUTTS										
FAIRWAY										
HAZARD										
PENALTIES										

SUMMARY

TEES PLAYED		EAGLES		BIRDIES	
PAR		BOGEYS		DOUBLE	
PUTTS		IN		OUT		TOTAL		SCORE	

NOTES

Date		Tee Time	
Weather		Par/Slope	
Course			
Players			

FRONT 9	1	2	3	4	5	6	7	8	9	TOTAL
PAR										
+/-										
SCORE										
HANDICAP										
PUTTS										
FAIRWAY										
HAZARD										
PENALTIES										

BACK 9	10	11	12	13	14	15	16	17	18	TOTAL
PAR										
+/-										
SCORE										
HANDICAP										
PUTTS										
FAIRWAY										
HAZARD										
PENALTIES										

SUMMARY

TEES PLAYED		EAGLES		BIRDIES	
PAR		BOGEYS		DOUBLE	
PUTTS		IN		OUT		TOTAL		SCORE	

NOTES _____

_____

_____

_____

Date		Tee Time	
Weather		Par/Slope	
Course			
Players			

FRONT 9	1	2	3	4	5	6	7	8	9	TOTAL
PAR										
+/-										
SCORE										
HANDICAP										
PUTTS										
FAIRWAY										
HAZARD										
PENALTIES										

BACK 9	10	11	12	13	14	15	16	17	18	TOTAL
PAR										
+/-										
SCORE										
HANDICAP										
PUTTS										
FAIRWAY										
HAZARD										
PENALTIES										

SUMMARY							
TEES PLAYED		EAGLES			BIRDIES		
PAR		BOGEYS			DOUBLE		
PUTTS		IN		OUT		TOTAL		SCORE	

NOTES
_____
_____
_____
_____

Date			Tee Time	
Weather			Par/Slope	
Course				
Players				

FRONT 9	1	2	3	4	5	6	7	8	9	TOTAL
PAR										
+/-										
SCORE										
HANDICAP										
PUTTS										
FAIRWAY										
HAZARD										
PENALTIES										
BACK 9	10	11	12	13	14	15	16	17	18	TOTAL
PAR										
+/-										
SCORE										
HANDICAP										
PUTTS										
FAIRWAY										
HAZARD										
PENALTIES										

SUMMARY							
TEES PLAYED		EAGLES		BIRDIES			
PAR		BOGEYS		DOUBLE			
PUTTS		IN		OUT		TOTAL		SCORE	

NOTES
_____
_____
_____
_____

Date		Tee Time	
Weather		Par/Slope	
Course			
Players			

FRONT 9	1	2	3	4	5	6	7	8	9	TOTAL
PAR										
+/-										
SCORE										
HANDICAP										
PUTTS										
FAIRWAY										
HAZARD										
PENALTIES										

BACK 9	10	11	12	13	14	15	16	17	18	TOTAL
PAR										
+/-										
SCORE										
HANDICAP										
PUTTS										
FAIRWAY										
HAZARD										
PENALTIES										

SUMMARY

TEES PLAYED		EAGLES		BIRDIES	
PAR		BOGEYS		DOUBLE	
PUTTS		IN		OUT		TOTAL		SCORE	

NOTES
_____
_____
_____
_____

Date		Tee Time	
Weather		Par/Slope	
Course			
Players			

FRONT 9	1	2	3	4	5	6	7	8	9	TOTAL
PAR										
+/-										
SCORE										
HANDICAP										
PUTTS										
FAIRWAY										
HAZARD										
PENALTIES										

BACK 9	10	11	12	13	14	15	16	17	18	TOTAL
PAR										
+/-										
SCORE										
HANDICAP										
PUTTS										
FAIRWAY										
HAZARD										
PENALTIES										

SUMMARY

TEES PLAYED		EAGLES		BIRDIES	
PAR		BOGEYS		DOUBLE	
PUTTS		IN		OUT		TOTAL		SCORE	

NOTES
_____
_____
_____
_____

Date			Tee Time	
Weather			Par/Slope	
Course				
Players				

FRONT 9	1	2	3	4	5	6	7	8	9	TOTAL
PAR										
+/-										
SCORE										
HANDICAP										
PUTTS										
FAIRWAY										
HAZARD										
PENALTIES										

BACK 9	10	11	12	13	14	15	16	17	18	TOTAL
PAR										
+/-										
SCORE										
HANDICAP										
PUTTS										
FAIRWAY										
HAZARD										
PENALTIES										

SUMMARY

TEES PLAYED		EAGLES		BIRDIES	
PAR		BOGEYS		DOUBLE	
PUTTS		IN		OUT		TOTAL		SCORE	

NOTES

Date		Tee Time	
Weather		Par/Slope	
Course			
Players			

FRONT 9	1	2	3	4	5	6	7	8	9	TOTAL
PAR										
+/-										
SCORE										
HANDICAP										
PUTTS										
FAIRWAY										
HAZARD										
PENALTIES										

BACK 9	10	11	12	13	14	15	16	17	18	TOTAL
PAR										
+/-										
SCORE										
HANDICAP										
PUTTS										
FAIRWAY										
HAZARD										
PENALTIES										

SUMMARY						
TEES PLAYED		EAGLES		BIRDIES		
PAR		BOGEYS		DOUBLE		
PUTTS		IN		OUT		TOTAL		SCORE	

NOTES
___
___
___
___

Date		Tee Time	
Weather		Par/Slope	
Course			
Players			

FRONT 9	1	2	3	4	5	6	7	8	9	TOTAL
PAR										
+/-										
SCORE										
HANDICAP										
PUTTS										
FAIRWAY										
HAZARD										
PENALTIES										

BACK 9	10	11	12	13	14	15	16	17	18	TOTAL
PAR										
+/-										
SCORE										
HANDICAP										
PUTTS										
FAIRWAY										
HAZARD										
PENALTIES										

SUMMARY							
TEES PLAYED		EAGLES			BIRDIES		
PAR		BOGEYS			DOUBLE		
PUTTS		IN		OUT		TOTAL		SCORE	

NOTES

Date				Tee Time	
Weather				Par/Slope	
Course					
Players					

FRONT 9	1	2	3	4	5	6	7	8	9	TOTAL
PAR										
+/-										
SCORE										
HANDICAP										
PUTTS										
FAIRWAY										
HAZARD										
PENALTIES										

BACK 9	10	11	12	13	14	15	16	17	18	TOTAL
PAR										
+/-										
SCORE										
HANDICAP										
PUTTS										
FAIRWAY										
HAZARD										
PENALTIES										

SUMMARY

TEES PLAYED		EAGLES		BIRDIES	
PAR		BOGEYS		DOUBLE	
PUTTS		IN		OUT		TOTAL		SCORE	

NOTES
_____
_____
_____
_____

SUMMARY

DATE	COURSE	SCORE	PUTTS	HANDICAP

DATE	COURSE	SCORE	PUTTS	HANDICAP

DATE	COURSE	SCORE	PUTTS	HANDICAP

DATE	COURSE	SCORE	PUTTS	HANDICAP